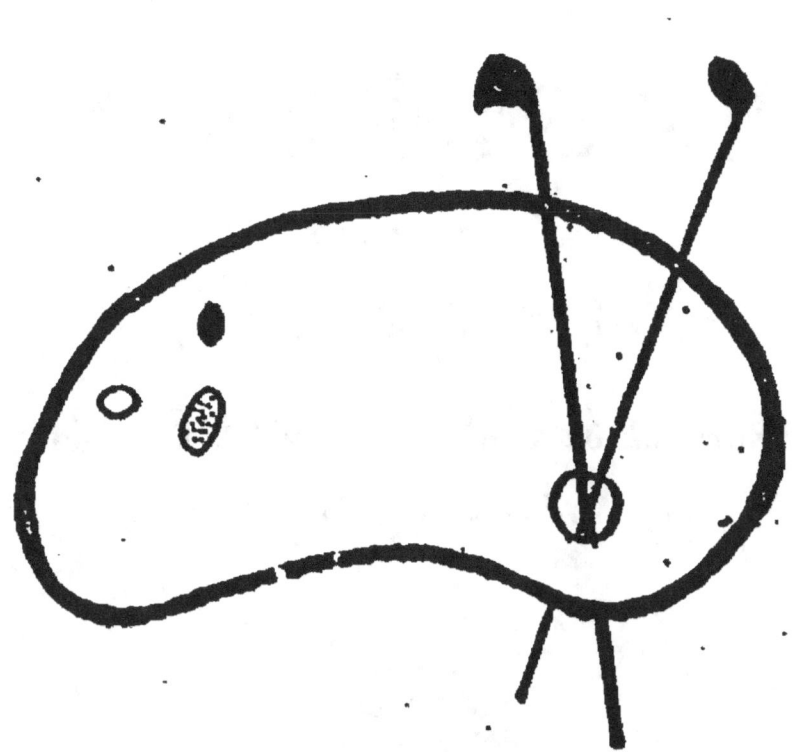

DEBUT D'UNE SERIE DE DOCUMENTS
EN COULEUR

4 nov. 1829

CATALOGUE

DES

TABLEAUX

ET AUTRES

OBJETS D'ARTS,

Provenant du Cabinet de M. Lethières,

Membre de l'Institut.

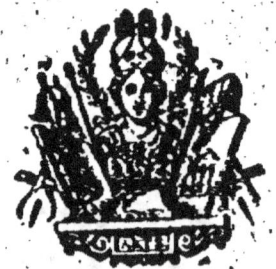

Exemplaire de Lemaire

PARIS.

IMPRIMERIE DE Ch. DEZAUCHE,
RUE DU FAUBOURG-MONTMARTRE, N°. 4.

1829.

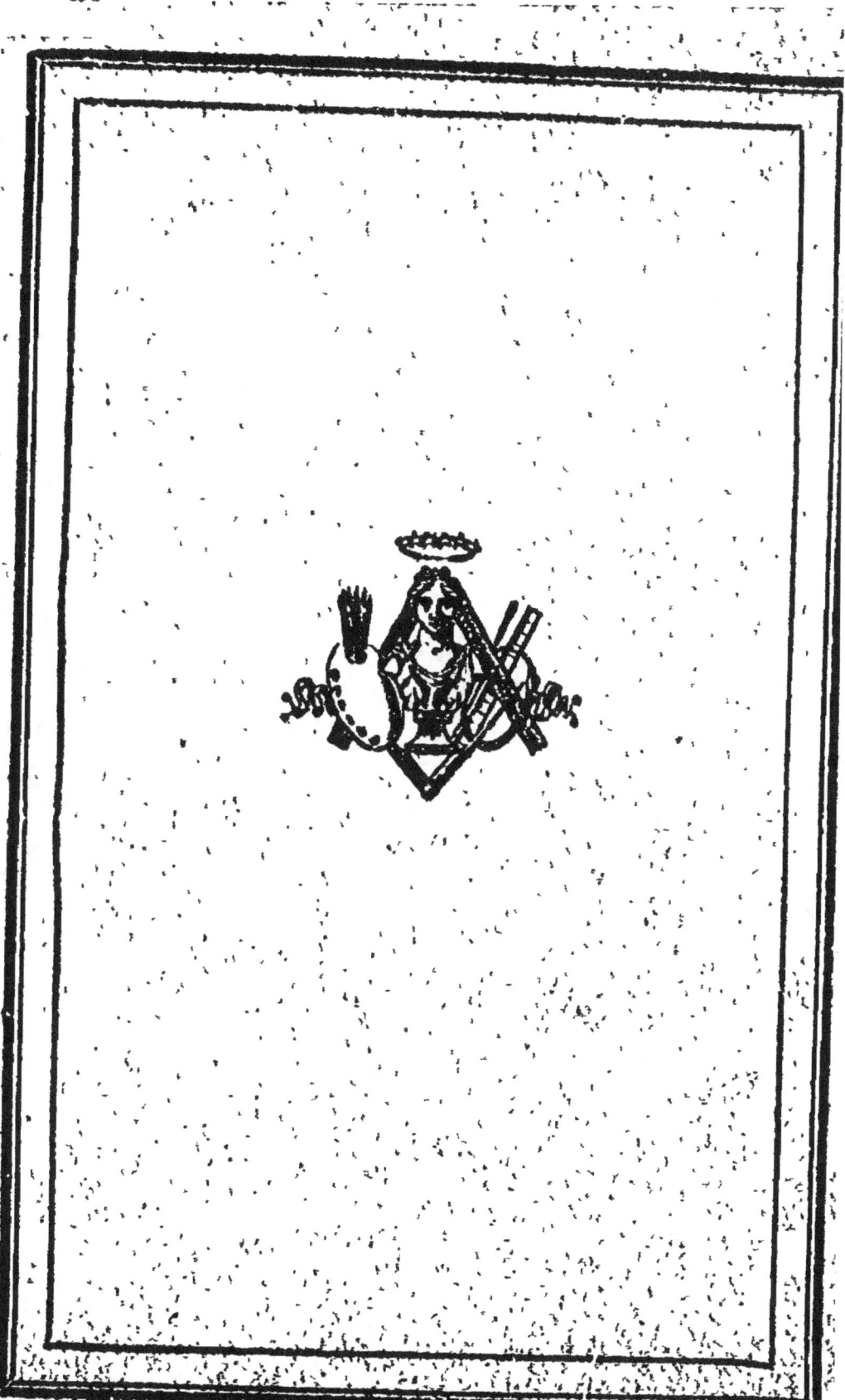

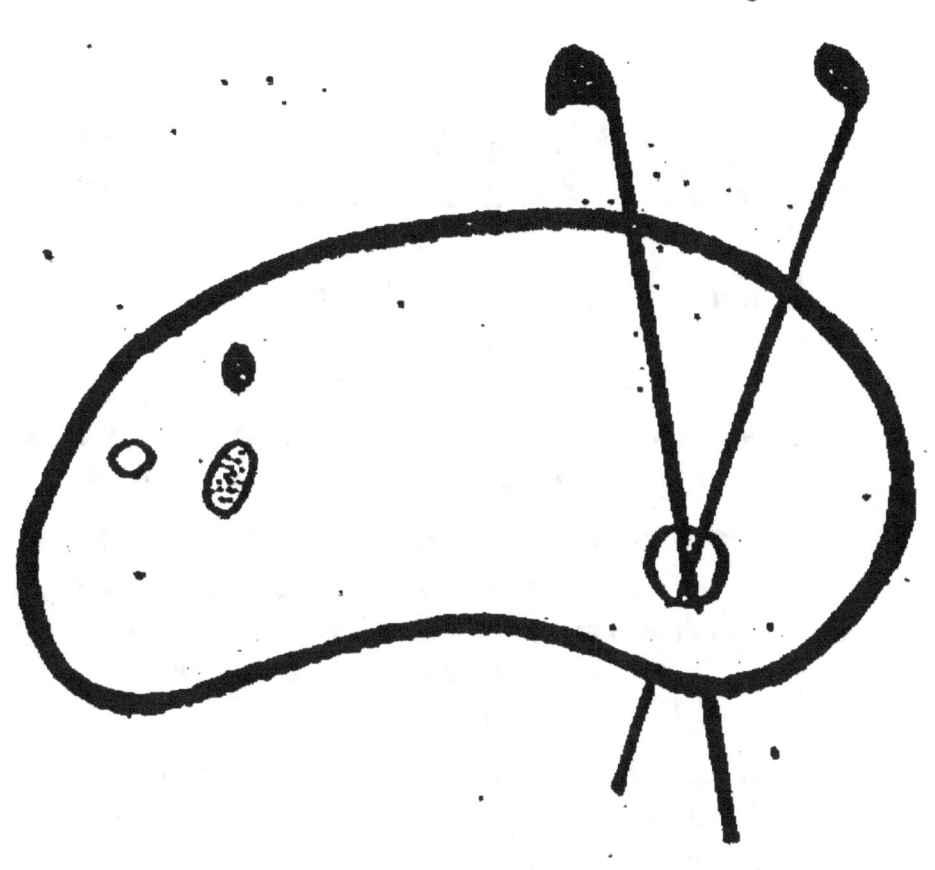

FIN D'UNE SERIE DE DOCUMENTS
EN COULEUR

24 novembre 1829

CATALOGUE

D'UN CHOIX PRÉCIEUX

DE TABLEAUX

DES ÉCOLES
ROMAINE, FLORENTINE, VÉNITIENNE, FLAMANDE,
ESPAGNOLE ET FRANÇAISE,

COLLECTION

DE VASES GRECS, BUSTES ET FIGURES ANTIQUES; ÉMAUX
DE LIMOGES, FAYENCES DE BERNARD PALISSY, etc.;

~~FORMANT LE CABINET DE M. LETHIÈRES,~~

CHEVALIER DE L'ORDRE ROYAL DE LA LÉGION-D'HONNEUR,
EX-DIRECTEUR DE L'ACADÉMIE DE FRANCE A ROME,
MEMBRE DE L'INSTITUT, ET PROFESSEUR
A L'ÉCOLE ROYALE DES BEAUX-ARTS.

Dont la Vente aura lieu en la grande Salle de la rue de Cléry, n°. 21, le Mardi 24 Novembre et jours suivans, à midi précis.

L'Exposition sera publique les Samedi 21, Dimanche 22, et Lundi 23, depuis midi jusqu'à quatre heures.

LE PRÉSENT CATALOGUE SE DISTRIBUE A PARIS:

Chez MM. { BONNEFONDS-DELAVIALLE, Commissaire-Priseur, rue St.-Marc, n°. 14; CH. PAILLET, Commissaire-Expert honoraire des Musées royaux, rue Grange-Batelière, n°. 24.

1829.

IMPRIMERIE DE CH. DEZAUCHE,
RUE DU FAUBOURG-MONTMARTRE, N°. 4.

AVERTISSEMENT.

Les collections formées par les artistes ont un caractère qui leur est particulier, elles se rapprochent assez ordinairement du style, du genre et de la manière de voir de celui qui les possède.

Le peintre, dont les études ont été dirigées de bonne heure vers les ouvrages de ces hommes célèbres qui ont illustré leur siècle, fixe son choix sur eux, et fait emploi de sa fortune et de ses économies pour se procurer ces restes précieux de la peinture, recherchés avec enthousiasme par les hommes sensés qui en savent apprécier le mérite. C'est ainsi que M. Lethières, l'un des chefs de l'école moderne française, a su mettre à profit les voyages qu'il a fait en Espagne, en Hollande et dans toutes les contrées de l'Italie, en saisissant avec empressement l'occasion qui lui faisait rencontrer, soit des tableaux capitaux, soit aussi de ces tableaux qualifiés d'*artistes*, parce qu'il semble qu'on y retrouve ce principe inspirateur du génie des grands maîtres.

Parmi les morceaux les plus importans de cette collection, nous recommanderons aux curieux connaisseurs un examen attentif sur le magnifique paysage du Poussin, représentant

Orphée sur les rives du Pénée, une petite Sainte Cécile, mourante par le Dominiquin, un portrait de Vélasquez, une répétition du mariage de Sainte Catherine, par le Corrège, un Annibal Carrache, la présentation au temple par le Titien, et plusieurs autres beaux morceaux qui ont fait partie de la célèbre galerie Aldo Brandini Borghèse à Rome, du cabinet Valenti, de la collection Bocca Padula, de celle Rondani. Cette transmission généalogique est, pour les amateurs de ce siècle une réputation qui d'avance en constate le mérite.

Un avantage que nous ne pouvons nous dispenser de signaler, est celui d'offrir au public une grande variété dans le choix des maîtres et dans les sujets; beaucoup de ces tableaux aussi sont encore sous la crasse primitive, et n'ont paru dans aucune vente.

Quant à la réunion de vases grecs, qui fait suite au catalogue de tableaux, nous en devons la notice et l'explication à M. Raoul-Rochette, membre de l'Institut, qui a bien voulu prêter, dans cette circonstance, sa plume à son collègue M. Lethières.

NOMS DES PEINTRES

CONTENUS

DANS LA COLLECTION DES TABLEAUX

Du Cabinet de M. Lethières,

MEMBRE DE L'INSTITUT.

CORRÈGE.
Annibal CARRACHE.
DOMINIQUIN.
Marcel VÉNUSTI.
Sébastien del PIOMBO.
VÉLASQUEZ.
SCARCELLINO de Ferrare.
CARLE MARATE.
DOMINIQUE FÉTI.
Nicolas POUSSIN.
BOURGUIGNON.
TÉNIERS, père.
BERKEYDEN.
KAREL DU JARDIN.
Leonello SPADA.
Martin PÉPIN.
Adam ELZEYMER.
VANVITELLI.

Gaspar POUSSIN.
SALVATOR ROSA.
B. PÉTRY.
TINTORET.
LÉONARD DE VINCI.
TITIEN.
A. VERONÈSE.
VASARI.
PIETRO TESTA.
BLOEMAERT.
Jean MIEL.
ZURBARAN.
GÉRARD DE LA NOTTE.
ZUCHERO.
RIBERA.
PÉRUGIN.
FRATE GENOVESE.
SCHIDONE.

Michel-Ange des batailles.
Augustin Carrache.
Bolognèse.
Orisonti.
Philippe napolitain.
Perin del Vaga.
Décrécenzi.
Placido Costanza.
Lucatelli.
Fiamengo.
Manglar.
Augustin Tassi.
Dietrici.
Lorenzo Lippi.
Cavaliere d'Arpino.
Joseph Vernet.
Paul Bril.
Benedette Castiglione.
Péters.

Le Palme.
Pierre de Laar.
Murilio.
S. Vouet.
Carlo Dolci.
Lanfranc.
Albane.
Panini.
Charles le Brun.
Le Caravage.
Elizabeth Sirani.
Guerchin.
Zucharelli.
Cavalier Liberi.
Knipfer.
Herman Swanveldt.
Teniers, père.
Coello.
Tiepolo.

Catalogue

D'UN CHOIX PRÉCIEUX

DE TABLEAUX

DES ÉCOLES

ROMAINE, FLORENTINE, VÉNITIENNE, FLAMANDE, ESPAGNOLE ET FRANÇAISE.

DÉSIGNATION DES TABLEAUX.

CORRÈGE.

1. — Le mariage de Ste.-Catherine. Répétition de celui du Musée, et dans la même proportion, avec des variantes dans la couleur des draperies. Ce tableau provient de la collection Aldobrandini Borghèse, à Rome, où il a été considéré long-temps comme un des chefs-d'œuvres de cette galerie.

ANNIBAL CARRACHE.

2. — Un moine donnant un vêtement à un pauvre nud; tiré de la collection du cardinal Valenti, à Rome.

DOMINIQUIN.

3. — Portrait d'un jeune ecclésiastique tenant un livre. Ce tableau est aussi tiré de la collection du cardinal Valenti.

ÉCOLE DE RAPHAEL.

4. — Deux demi-figures de saints, dont l'un porte une crosse et une robe semée de lys; même collection.

DOMINIQUIN.

5. — Précieux petit tableau peint sur ardoise, Ste.-Cécile mourante; dans le haut; une gloire et deux chérubins.

Marcel VENUSTI.

6. — Le christ à la colonne; précieux tableau sur cuivre, exécuté d'après Michel-Ange, son maître.

Sébastien del PIOMBO.

6. bis. — Christ en croix et peint sur marbre; il faisait l'ornement d'un autel dans un couvent, à Rome.

INCONNU.

7. — Portrait d'homme.

VELASQUEZ.

8. Superbe tête d'une religieuse. Ce portrait a fait partie de la collection Aldobrandini de Borghèse.

Scarcellino de FERARE.

9. — Un saint moine sauvant des naufragés; riche composition peinte sur bois, et provenant du cabinet Rondanini, à Rome.

Carle MARATTE.

10. — Le sujet de la crèche; composition digne du Poussin.

Domenico FETI.

11. — St. Michel poursuivant les démons. Il est peint sur une forte ardoise.

Nicolas POUSSIN.

12. — Orphée, sur les rives du Pénée, mêle sa voix

aux accords de la lyre au milieu des compagnes d'Euridice, occupée à cueillir des fleurs et piquée par un serpent. Ce tableau, semblable à celui du Musée, faisait, du vivant même de son auteur, partie de la collection Valenti, à Rome.

Par le Même.

13. — Numa Pompilius tenant le rameau d'or et visitant Égérie. Collection Boca Paduli.

BOURGUIGNON.

14. — Deux petits tableaux de bataille.

Maitre FLAMAND.

15. — Deux tableaux ronds sur cuivre; animaux dans un paysage.

TENIERS Père.

16. — Diseuse de bonne aventure et Bohémiennes; deux tableaux touchés avec esprit.

BERKEYDEN.

17. — Paysage avec bergers et animaux; ils sont tous deux de forme ronde et sur cuivre.

Karel DUJARDIN.

18. — Marche d'animaux; deux esquisses peintes en Italie.

Leonello SPADA.

19. — Sainte Famille; petit tableau peint sur cuivre.

Martin PÉPIN.

20. — Copie de la descente de croix de Rubens; petite dimension et peinte sur cuivre.

Adam ELZEYMER.

21. — Les dispositions du martyre de St.-Etienne; tableau sur cuivre.

Stile de Carle MARATTE.

22. — Deux tableaux représentant des saintes familles au milieu de guirlandes de fleurs.

Gaspar VANVITELLI.

23. — Vue des bords du Tibre et de l'Aventin.

Gouaspres POUSSIN.

24. — Vue des environs de Soutry.
25. — Autre beau paysage.

Salvator ROSA.

26. — Petit paysage, vue des campagnes de Rome.

B. PETRY.

27. — Sortie d'une flotte russe de la Néva.

TINTORETTO.

28. — Beau portrait d'un magistrat vénitien, vu jusqu'aux genoux; collection Valenti, à Rome.

(Attribué à Léonard de Vinci.)

29. — Portrait d'un vice-roi de la Lombardie. Ce tableau, d'un précieux travail, a été tiré du cabinet Massimi, à Rome. La médaille existe.

TITIEN.

30. — Tableau que l'auteur a peint de moyenne grandeur pour exécuter à Venise l'immense tableau de la présentation au Temple.

Alexandre VERONÈSE.

31. — St. Sébastien et les saintes femmes; sur marbre.

VASARI, Elève de Michel-Ange.

32. — Précieux petit tableau; sur cuivre.

Pietro TESTA.

33. — Le martyre d'une sainte; les petits tableaux de ce maître sont rares.

BLOEMAERT.

34. — St. Sébastien attaché à l'arbre.

Adam ELZEYMER.

35. — Paysage sur cuivre, une prédication; petites figures.

Jean MIEL.

36. — Petit tableau dans le style de Carel Dujardin.

ZURBARAN.

37. — Jésus-Christ éveillant les apôtres au jardin des Oliviers.

Gérard de la NOTTE.

38. — Vielle femme regardant une pièce de monnaie à la lueur d'une lampe.

ZURBARAN, Maitre Espagnol.

39. — Portrait de Morillo après sa mort.

ZUCHERO.

40. — Une crèche, petit tableau.

RIBERA dit L'ESPAGNOLET.

41. — Deux tableaux en pendant; Lazzaroni jouant de la guitare, et Lazzaronni mangeant.

David RICCAERT.

42. — Un pauvre demandant l'aumône.

FLAMAND.

43. — Petit tableau: une kermesse peinte sur bois.

Gouaspres POUSSIN.

44. — Tableau, paysage dans le style de Claude le Lorrain.

PÉRUGIN.

45. — La Vierge et l'Enfant Jésus. S. B.

Manière de VANDEVELDE.

46. — Marche d'animaux dans un paysage.

Frato GENOVESE.

47. — Une sainte inspirée tenant un vase.

VÉLASQUEZ.

48. — Trois portraits historiques :
Philippe II, roi d'Espagne ;
Sa femme, la reine Isabelle, fille de Henri II ;
Sa fille, l'infante Marguerite.

Jean de MABUSE.

49. — Petit tableau à deux volets; sujet de sainteté.

SCHIDONÉ.

50. — La Vierge et l'Enfant Jésus, avec une gloire et des chérubins; petit tableau.

SALVATOR ROSA.

51. — Vue de la campagne de Rome; petite dimension.

GUASPRES POUSSIN.

52. — Paysage pittoresque.
53. — Vue d'un beau site d'Italie.

MICHEL-ANGE DES BATAILLES.

54. — Le pansement des blessés.

ORISONTI ET CARLE-MARATTE.

55. — Site d'Italie avec cascade et fabriques; les figures de Carle-Maratte, représentent la fable d'Actéon.

Augustin CARRACHE.

56. — Le Christ fustigé à la colonne; figures de grandeur naturelle à mi-corps. — Collection Justiniani.

GÉRARD DE LA NOTTE.

57. — Jésus-Christ devant Pilate; ce tableau, d'un effet magique de lumière, était dans la chapelle du palais Justiniani à Rome.

Francisque BOLOGNÈSE.

58. — Sous le même numéro, deux paysages enrichis de figures de Michel Ange de Caravage. — Galerie Justiniani.

Ph. NAPOLITAIN.

59. — La défaite des Turcs devant Vienne par Sobiescky.

Perrin DEL VAGA.

60. — Sainte Famille; belle copie d'après Raphaël.

Nicolas POUSSIN.

61. — Première pensée de la composition d'après laquelle Morghen a fait sa belle gravure.

Ce tableau vient de la maison Bocca Paduli dont le chef était ami du Poussin, et possédait un grand nombre de ses ouvrages.

Nicolas POUSSIN.

62. — Le Massacre des Innocens; tableau des premiers temps de ce maître.

Nota. On retrouve dans la gravure le groupe composé de trois figures répétées dans le tableau du même sujet, qui a été vendu si chèrement dans la collection du prince Lucien Bonaparte, et qui provenait avant de la galerie Justiniani à Rome.

DÉCRESCENSI.

63. — Quatre beaux paysages sous ce même numéro, et tous quatre de la même dimension, d'environ 3 pieds 7 pouces sur 2 pieds ½. On les confondrait avec les ouvrages de Nicolas Poussin dont il était un des plus savans élèves.

ORISONTI.

64. — Paysage d'une belle composition.

Attribué à SALVATOR ROSA.

65. — Paysage marine.

ORISONTI.

66. — Paysage ; composition riche, avec de belles figures sur le premier plan, et du meilleur temps de ce maître.

PREMIÈRE ÉCOLE FLORENTINE.

67. — Tableau allégorique.

PLACIDO COSTANZA.

68. — Une Sainte Famille.

LUCATELLI.

69. — Deux paysages fort agréables et d'une couleur claire et brillante.

FIAMINGO.

70. — Le Christ couronné d'épines.

ECOLE VÉNITIENNE.

71. — Jésus-Christ portant sa croix ; riche composition et très-bien conservée.

ZURBARAN.

72. — La défaite des Maures.

MANGLARD.

73. — Deux belles marines ; calme et tempête.

VANDERKABEL.

74. — Deux marines ; vues de la Meuse, avec embarcations.

MICHEL-ANGE (DES BATAILLES.)

75. — Repos de troupes dans une ferme.

Palma VECHIO.

76. — Saint Jérôme en prière.

Augustin TASSI.

77. — Une marine riche en figures.

DIETRICK.

78. — Un vieillard portant turban, et peint dans la manière de Rimbrandt.

Lorenzo LIPPI.

79. — Peinture du temps de la renaissance et fort curieuse; elle représente la Vierge et l'Enfant Jésus.

Le cavalier D'ARPINO.

80. Saint Joseph tenant un rameau fleuri, et Jésus, enfant, tenant un globe surmonté d'une croix; grandeur naturelle.

Dans la manière du gouaspre POUSSIN.

81. — Paysage, beau site d'Italie.

Joseph VERNET.

82. — Cascade non terminée; belle composition.

(Attribué à Nicolas Poussin.)

83. — Une composition des plus agréables et attribuée à ce grand peintre.

MAITRE ESPAGNOL.

84. — Sujet grotesque, la toilette d'une vieille femme, un jeune homme lui présente un miroir.

85. — Un chevalier en pied, appuyé sur une table.

CIGOLI, (Auteur Florentin.)

86. — Charmante figure de femme, représentant Lucrèce.

87. — Paysage.

Gaspard POUSSIN.

88. — Paysage d'une forme ronde, d'une manière franche et belle.

(Attribué aux premiers temps du Poussin.)

89. — Massacre des fils de Machabé.

LUCATELLI.

90. — Deux paysages pittoresques ornés de belles figures d'une grande conservation.

Paul BRIL.

91. — Paysage avec figures d'Annibal Carrache.

Benedetto CASTIGLIONE.

92. — Une crèche; composition riche, et les figures bien conservées.

LUCATELLI.

93. — Deux jolis paysages sous ce même n°.

PETERS.

94. — Paysage d'une belle couleur, avec chasseurs et meute de chiens fort bien touchés.

PALMA, (Ecole vénitienne.)

95. — Le sujet de la crèche, très-belle couleur.

MAITRE INCONNU.

96. — Beau portrait de J. S.

Pietro de LAAR.

97. — Une bataille d'une belle couleur et forme de touche.

Gaspar POUSSIN.

98. — Deux beaux paysages d'un style digne de Nicolas Poussin.

ORISONTI.

99. — Antiquités romaines et monumens modernes dans un riche paysage.

DOMINIQUIN.

100. — Petit tableau ; paysage d'une composition simple et noble ; le sujet des figures est d'un grand intérêt et semble avoir inspiré Nicolas Poussin dans son grand paysage de Diogène, brisant sa tasse, en apercevant un jeune homme qui prend de l'eau avec ses mains.

SASSO FERATA.

101. — Jolie tête de vierge, ayant les mains jointes.

MURILLO.

102. — Très-joli petit tableau représentant l'Annonciation ; il fut acquis par M. Lethières dans son voyage à Madrid.

INCONNU.

103. — Tableau sur cuivre représentant une couronne de fruits de toute espèce, avec un joli groupe d'enfans au milieu.

SCHIDONE.

104. — La Vierge, l'Enfant Jésus, saint Jean et saint Joseph.

Fr. BAROCHE.

105. — Petit tableau peint sur cuivre argenté, et représentant une crèche.

ECOLE LOMBARDE.

106. — Martyr de saint Laurent, peint sur cuivre.

Simon VOUET.

107. — Un très-petit tableau sur bois et de forme ronde; il représente la charité romaine.

NETSCHER.

108. — Jeune femme vue dans un parc.

Carlo DOLCI.

109. — Petit tableau sur bois, et divisé en deux; il représente l'Annonciation; ce sujet a été peint par les plus habiles peintres de l'Ecole.

ECOLE LOMBARDE.

110. — Une crèche d'un effet magique et pittoresque.

Annibal CARRACHE.

111. — Petit tableau esquisse, représentant un saint faisant recouvrer la vue à un enfant : le père et la mère sont en admiration.

LOCATELLI.

112. — Deux magnifiques paysages de site agreste, et peints dans la manière de Salvator.

ECOLE ITALIENNE.

113. — Deux jolis tableaux de forme, en hau-

teur, le printemps et l'automne ; sujets des plus gracieux.

ECOLE LOMBARDE.

114. — Une Madeleine pleurant sur un tombeau.

D. FETY.

115. — Deux têtes de femme.

LANFRANC.

116. — Petite figure de saint Pierre, les mains jointes, et levant les yeux au ciel ; tableau rare dans cette dimension.

F. BAROCHE.

117. — La Vierge et l'Enfant Jésus ; petit tableau.

ORISONTI.

118. — Joli paysage d'une belle composition.

BOURGUIGNON.

119. — Deux tableaux de même dimension, et faisant pendant ; l'un représente une bataille, et l'autre le dépouillement des morts après le combat.

ECOLE ESPAGNOLE.

120. — L'Enfant Jésus endormi et tenant la Croix Jésus, et Saint Jean tenant l'agneau. Deux tableaux.

D'APRÈS DOMINIQUIN.

121. — Jolie copie de saint François en prière, devant une gloire d'ange.

ECOLE DE L'ALBANE.

122. — Esquisse ; sujet de l'Assomption.

PANINI.

123. — Étude de rochers et fabriques.

A. CARRACHE.

124. — Paysage avec jolies figures.

GOUASPRES.

125. — Site entremêlé de fabriques.

Ch. LEBRUN.

126. — Esther et Assurus ; belle composition peinte à Rome.

LANFRANC.

127. — Saint Pierre en contemplation ; figure de forte proportion.

A. CARRACHE.

128. — La Madeleine en larmes devant le Christ.

MICHEL ANGE DE CARAVAGE.

129. — Un jeune homme expliquant à un vieillard un passage de l'Evangile.

ECOLE VÉNITIENNE.

130. — La Vierge tenant l'Enfant Jésus sur ses genoux et accompagnée de saint Jean et sainte Cécile, reçoit les hommages d'un évêque.

TINTORET.

131. — *Ecce homo.*

SALVATOR ROSA.

132. — Paysage d'une belle couleur ; on lit sur une partie du rocher le monograme de ce maître.

Nicolas POUSSIN.

133. — Paysage avec belles fabriques et figures, sujet de la fuite en Egypte.

PARMESAN.

134. — L'Eternel créant la femme.

ECOLE DU GUIDE.

135. — Le Christ au tombeau.

Elizabeth SIRANI.

136. La Vierge assise sur son trône reçoit les hommages de saints et saintes ; tableau peint dans le goût du Dominiquin.

RAPHAEL. (d'après)

137. — Bonne copie d'après la sainte Cécile.

Dominique FETY.

138. — Le sujet du couronnement d'épines.

GUERCHIN.

139. — Paysage traversé par une rivière ; il est enrichi de beaucoup de jolies figures.

Attribué a MURILLO.

140. — L'Enfant Jésus reposant sur le globe et en contemplation.

ZUCHARELLI.

141. — Paysage à effet de soleil ; il est orné de figures.

STILE DE LOCATELLI.

142. — Deux jolis paysages de forme en hauteur.

Elizabeth SIRANI.

143 — Saint Joseph enseignant à lire à l'Enfant Jésus.

Augustin CARRACHE.

144. — Le Christ descendu de la croix.

RIBERA.

145. — Saint François tenant le Christ.

Le cavalier LIBERI.

146. — Le mariage de Sainte Catherine.

KNIPFER.

147. — Deux brigands amenés devant un juge qui leur représente les effets volés.

Francisque BOLOGNESE.

148. — Paysage dans le style du Poussin.

Gouaspres POUSSIN.

149. — Paysage du plus délicat pinceau, avec rivière sur le premier plan.

F. BAROCHE.

150. — Le sujet de la salutation angélique; précieux tableau, beau comme le Corrège.

HERMAN d'Italie.

151. — Paysage à effet de soleil, avec marche d'animaux sur le devant.

TENIERS, père.

152. — Tentation de saint Antoine.

L. C. COELLO.

153. — La Vierge présentant l'Enfant Jésus à un ange ; elle est accompagnée de saint Joseph. Ce précieux tableau est d'un des auteurs les plus estimés, et qui a brillé dans l'Ecole espagnole comme peintre et comme sculpteur ; il a été acquis par M. Lethières dans son voyage en Espagne.

Pierre DELAAR.

154. — Grand sujet de batailles, beau comme les ouvrages de Ph. Wouvermans.

TIEPOLO.

155. — Deux petits tableaux faisant pendant et des plus beaux de ce dernier peintre de l'école vénitienne, dont l'un représente Jésus guérissant les paralytiques, et l'autre, est le jugement de la chaste Suzanne et les vieillards.

Théodore de NAPLES.

156. — Paysans napolitains près d'un abreuvoir ; deux jolis tableaux artistement touchés.

Carlo DOLCI.

157. — L'ange et la Vierge ; deux petites têtes peintes d'après les tableaux que l'on voit à Florence, et auxquels on attache des idées religieuses.

Théodore de NAPLES.

158. — Distribution aux Lazzaronis.

RIBERA.

159. — St. Sébastien attaché à l'arbre et secouru par les saintes femmes.

INCONNU.

160. — Paysage montueux avec figures; sujet du sacrifice d'Abraham.

VANVITELLI.

161. — Vue de Tivoli, avec figures de laveuses.

C. DOLCI.

162. — Saint Pierre; belle figure d'étude.

TINTORET.

163. — Beau saint Jérôme en extase devant le Christ.

DEHONT.

164. — Deux tableaux, halte de militaire et départ d'une ferme.

NETSCHER.

165. Portrait d'un amiral hollandais.

Maitre ESPAGNOL.

166. — Sujet de nature morte, réunion d'armes, armures et équipement militaire.

MÊME ECOLE.

167. — Paysage d'un large style avec figures de la fuite en Egypte.

FRANK.

168. — Le Christ descendu de la croix et dans les bras de la Vierge.

LEBRUN.

169. — L'apathéose d'Hercule, dont le sujet a été exécuté au plafond de l'hôtel Lambert.

RUBENS.

170. — Esquisse d'un plafond, et esquisse grisaille de Van Mol.

Style du DOMINIQUIN.

171. — Le départ et la mort d'Adonis.

PARMESAN.

172. — Le repos de la sainte Famille en Egypte.

Leonello SPADA.

173. — Repos de la sainte Famille; la Vierge présente l'Enfant Jésus à un enfant.

ROTHNAMER.

174. — La Vierge supportée par une gloire d'anges, tient l'Enfant Jésus posé sur la boule du monde; précieux tableau.

VAN MOL.

175. — Délicieux tableau; sujet du Christ, pleuré par les saintes femmes.

C. POLIMBOURG.

176. — La fuite en Egypte dans un paysage, style du Poussin.

TEMPESTE.

177. — Deux petits tableaux octogones; marche de troupes, et africain domptant un cheval blanc.

GEORGION.

178. — Le retour de l'Enfant prodigue.

LE SUEUR.

179. — Deux hommes lisant des inscriptions sur un tombeau.

Lucas SIGNORELLI.

180. — Tête de christ, peinture fort belle pour l'époque du 15e. siècle.

Ecole de SCHIDONE.

181. — Sainte famille; la vierge appelle à elle l'Enfant Jésus.

Polidor de CARAVAGE.

182. — La continence de Scipion; dessein sur parchemin et rehaussé de blanc.

Maitre ITALIEN.

183. — Esquisse de Prométhée, dont le tableau est au palais Colonia, à Rome.

DANS LE GENRE DE VALENTIN.

184. — Réunion de joueurs.

HEMSKERCK, (dit le Raphaël hollandais.)

185. — L'Ange exterminateur; esquisse.

GAROFOLO.

186. — Petit tableau, sujet de la crèche, première manière.

Augustin CARRACHE.

187. — Le Christ à la colonne; précieux petit tableau.

André VEROCCHIO.

188. — Le sujet de la Crèche, tableau de forme cintrée du temps de la renaissance, sur fort panneau.

GEORGION.

189. — La Vierge présentant l'Enfant Jésus à saint Jean-Baptiste.

DE L'ECOLE FLORENTINE.

190. — La Vierge présentant l'Enfant Jésus à deux saintes.

Lucas SIGNORELLI.

191. — La Vierge tenant sur ses genoux l'Enfant Jésus.

ZEEMAN.

192. — Port de mer hollandais ; il est riche en navires et figures.

BIBIENNA.

193. — Grand portique d'architecture.

Bartholomée BREMBERG.

194. — Grande partie de rochers et animaux ; tableau très-conservé.

STENWICK.

195. — Saint Pierre délivré de la prison.

Gouaspres POUSSIN.

196. — Beau paysage, mais un peu fatigué.

Augustin TASSI.

197. — Des cavaliers combattans.

TEMPESTE.

198. — Deux petits sujets de cavaliers.

PANINI.

199. — Obélisque dans un paysage.

ÉCOLE VÉNITIENNE.

200. — *Ecce homo*, figure à mi-corps.

RIBERA, (dit l'espagnolet.)

201. — Le mangeur de macaroni et le joueur de guitare ; deux beaux tableaux pour des hauts de cabinets.

Francisque MILLET.

202. — Deux précieux tableaux paysages, ornés de fabriques et de figures sur des lignes aussi belles que le Poussin.

ASSELIN.

203. — Petit échantillon à effet de soleil, avec figures et animaux.

Bartholomée BREEMBERG.

204. — Deux sujets d'architecture, et ornés de figures et d'animaux ; ils ne sont point sur châssis.

VANBLOEMEN.

205. — Deux paysages, avec fabriques et animaux au repos.

SCHIDONE.

206. — La mort d'Abel, deux figures de belle proportion, et d'un effet de racourci des plus savans : ce tableau du plus haut style est digne de tenir place dans une galerie de premier ordre.

ALLEUSE DA MILLO, élève du Tintoret.

207. — Sujet peint pour un plafond.

GRIMOUX.

207 *bis*. — Le portrait de mademoiselle de Chárollais.

ANTIQUITÉS.

208. — Joli torse de Bacchus, marbre de Paros.

209. — Hercule Farnèse de petite proportion.

210. — Tête d'angle de tombeau d'un bien beau caractère.

211. — Une jolie tête d'africain, en rouge, antique, sur pied sculpté.

212. — Petite tête d'amour, en marbre blanc.

213. — Un vase en cuivre, trouvé dans une fouille, à la Ronfinella, près Frascati.

214. — Un vase à couvercle en terre, de Bernard Palissi, avec peinture d'après Raphaël.

215. — Deux plateaux de Palissi, dont un fragmenté.

216. Une salière en ancien émail de Limoges.

―――

217. — Terre cuite d'une figure consulaire du palais Justiniani à Rome.

218. Un aiglon, en marbre antique : il fut trouvé à la villa Adriana.

219. — Une tête d'amour.

220. — Tête d'Hercule.

Ces deux dernières en marbre de Paros.

COLLECTION DE VASES GRECS.

221. — *Lancelle*, ornée, de chaque côté, d'une *tête de femme*, entre des enroulemens et des palmettes. Ce vase, de fabrique de Pouille, est d'une forme agréable et peu commune, et d'une conservation rare.

222. — *Campane*, à deux anses, avec deux figures ; d'un côté un satyre nu, tenant un thyrse, le pied droit placé sur un *diota* renversé, et portant sur sa main droite des fruits figurés comme des globules ; de l'autre côté, une femme assise sur une fleur, tenant d'une main une bandelette déployée, de l'autre une corbeille avec des fruits; vase mystique, de fabrique commune, et d'une assez bonne conservation.

223. — *Campane* à deux anses. *Lectisterne* de trois figures ; deux *éphèbes* (jeunes gens), l'un couronné de fleurs; l'autre, le front ceint d'une bandelette, sont assis, vis à vis l'un de l'autre, sur un lit couvert de riches coussins; le premier, à gauche, a sa *lyre* placée près de lui ; le second tient élevé, sur sa main droite, un vase qui paraît chargé de fruits : au milieu d'eux est assise une jeune *hétære* (courtisanne), la partie supérieure du corps nue, et peinte en blanc, ainsi que les pieds nus, qui sortent du *péplus* brodé dont le bas de son corps est couvert; cette femme joue de la double flûte. Devant le lit, sont placées deux tables chargées de fruits ; et des pampres, tracés dans la partie supérieure de la composition, achèvent de caractériser le sujet. Vase bachique, de fabrique de sant' Agata dei Goti.

224. — Vase à large ventre, avec une seule anse, dont le col est brisé. Une figure nue qui court en portant de la main droite une cassette. Dessin et fabrique commune.

225. — Vase *à tre manichi* (à trois anses) ; un génie hermaphrodite, entièrement nu, assis sur une base couverte d'un vêtement, et tenant de la main droite une couronne et la *ciste*, ou cassette mystique, sur laquelle sont placés des fruits ; vase mystique, de fabrique de *Pouille*, et de bonne conservation.

226. — Petit vase, sans col ni anse, très-bien conservé du reste, avec une figure de femme assise, qui porte une *patella* (grand plat) ; vase de toilette, d'un joli dessin, et de fabrique de *Nola*.

227. — *Bicchiere* parfaitement conservé ; un jeune homme nu, agenouillé, qui semble, de ses deux mains tendues en avant, s'exercer à quelque jeu gymnastique ; de l'autre côté, un cygne. Vase de joli dessin, et de fabrique de *Nola*.

228. — *Hydria*, à une seule anse, et à large ouververture, couverte d'un vernis noir et très-bien conservée.

229. — Autre vase noir, en forme de *Diota*, vulgairement dite *Lancella*. Très-bien conservé.

230. — Petite tasse, ornée de chaque côté d'une *chouette*; fabrique commune.

231. — Autre vase, de forme à peu près pareille, sans dessin, ni ornement.

232. — *Unguentarium*, ou vase à parfum, orné de *palmettes*, sur fond blanc.

233. — Vase à parfum, sans anse, à large ventre.

234. — Petite *patère* à anse, de *Nola*, de joli vernis, et de bonne conservation.

235. — Vase à une seule anse, malheureusement brisée, orné d'une tête de femme, enveloppée de deux grandes ailes déployées : sujet mystique.

236. — Vase à deux anses, avec un ornement en forme de *flots*. Fabrique commune.

237. — Vase en forme de *soupière*, avec son couvercle, parfaitement conservé. Fabrique commune.

238. — Autre vase à couvercle, d'un joli vernis ; de fabrique de *Nola*.

239. — Petit vase à parfum à une anse, sans ornement.

240. Vase, à deux anses, en forme de *situla* ou de *seau*, orné, sur chaque face, d'une figure ; d'un côté, une bacchante, vêtue d'une tunique courte, d'étoffe transparente, tenant un thyrse ; de l'autre, un satyre nu portant le même instrument. Vase bachique, d'assez bonne fabrique, de joli dessin, et d'excellente conservation.

241. — *Unguentarium*, à large ventre, avec un tigre accroupi ; assez bien conservé, mais l'anse fracturée.

242. — Belle *patère*, de fabrique commune de *Nola*, ornée à l'intérieur d'une peinture, entourée d'un *Méan-*

dre, et représentant un *centaure*, qui se couvre, à gauche, d'une *pardalide*, ou peau de panthère, et tient de la main droite une branche de laurier ; sujet peu commun. A l'extérieur, cette *patère* est décorée de deux groupes, chacun de trois figures d'*Éphèbes*, enveloppées dans leurs manteaux. Il y a quelques restaurations dans ce vase, dont toutes les parties peintes semblent cependant très-saines.

243. — Quatre petits vases, à parfum, de grandeur inégale, ornés d'une palmette.

244. — Trois vases de forme pareille, d'une dimension un peu plus grande, avec quelques ornemens, de fabrique commune, mais bien conservés.

245. — *Unguentarium*, de fabrique sicilienne, avec trois figures ; savoir, une *ménade*, entre deux *satyres* dansant. Sujet bachique.

246. — Autre vase pareil, d'une dimension plus grande, de même fabrique, avec trois figures assises ; Bacchus tenant un grand *rhyton*, entre deux ménades, dont une tient un vase semblable. Sujet bachique.

247. — Plusieurs vases, de forme diverse, et quelques lampes, au nombre de   , réunis sous ce numéro.

248. — Collection de vases, tous de forme d'*unguentarium*, de grandeur inégale, la plupart de fabrique athénienne, provenant de la Grèce même, où ils avaient été trouvés dans les fouilles de lord Elgin. Cette collection passa depuis dans les mains du prince de Canino, à qui elle fut adressée par Ali, pacha de

Janina, qui l'avait confisquée sur l'agent anglais chargé des expéditions de lord Elgin.

I. *Unguentarium*, avec figure dessinée au trait, sur fond blanc ; la *victoire* ailée, tenant de ses deux mains une couronne ; dans le champ, le mot grec ΚΑΛΗ, la *belle*, très-joli vase, de bon dessin, de conservation parfaite, et de fabrique rare.

II. Vase pareil, avec figures noires, dont les contours sont tracés à la pointe, sur fond blanc. La peinture représentant un personnage debout dans un char attelé de quatre chevaux qui se dirige, accompagné de deux figures à pied, vers une troisième figure assise, semble avoir rapport aux prix distribués dans les jeux publics.

III. Même vase, avec sujet semblable, de plus petite dimension, et de même fabrique.

IV. Vase pareil, avec figures noires, tracées de même à la pointe, sur fond blanc. Le sujet, composé de dix figures et d'un quadrige, est rare et curieux ; on y distingue *Mercure*, précédant le cortège, et la *victoire*, qui le suit.

V. Vase pareil, mais de fabrique différente, et qui paraît sicilienne, ou d'imitation, avec quatre figures noires, sur fond jaune ; un personnage qui enlève une femme entre deux autres femmes effrayées, probablement *Thétis* et *Pélée*.

VI. Vase athénien, à figures noires, sur fond blanc ; figure dans un quadrige en course, accompagnée d'une figure à pied, aussi en course. Dans le champ, une borne et des pampres : sujet relatif aux courses célébrées dans les fêtes dionysiaques.

VII. Vase athénien, avec figure, dessinée au pinceau, sur fond blanc, d'une femme vêtue, qui tient à la main un vase à anse, de la forme de *situla* ou de *seau*. Vase d'un joli dessin, d'une fabrique rare et de bonne conservation.

VIII. Vase de fabrique sicilienne ou d'imitation, avec deux figures assises ; entre elles est un vase d'où sortent des branches de laurier. Dessin et fabrique communs.

IX. Deux vases de fabrique sicilienne ; avec figures et quadrige ; sujet analogue à celui qui a été indiqué sous le n° II.

X. Vase de fabrique athénienne, avec figure, vêtue d'une tunique courte, blanche, debout, dans un *bige*, en course, et une autre figure armée et courant à pied.

XI. Deux vases athéniens, à fond blanc, et ornemens variés.

XII. Vase athénien, à fond blanc, orné de pampres et de palmettes, d'une dimension qui n'est pas commune, et d'une belle conservation.

XIII. Autre vase, de fabrique différente, orné de pampres et de méandres.

XIV. Trois petits vases, avec pampres et palmettes.

XV. Trois autres vases, de plus petite dimension, avec ornemens dans le même goût.

xvi. Deux vases, un peu plus grands, avec palmettes et ornemens divers.

xvii. Deux vases à fond noir, avec ornement en méandre.

xviii. Deux *unguentarium*, en albâtre, bien conservés.

SUPPLÉMENT.

249. — Buste de Virgile en marbre statuaire.

250. — Deux vases en granit vert sur fût de colonne.

251. — Deux autres vases aussi sur fût de colonne.

252. — Deux vases en porphire oriental.

253. — Deux Lampes en bronze, forme antique.

254. — Le Tems, ancien bronze.

255. — Collection de deux cent cinquante Catalogues environ des plus belles Ventes de Tableaux et autres objets de curiosité, avec les prix d'adjudication et noms d'acquéreurs, depuis 1743 jusques et compris 1821. Cette Collection est divisée en deux parties; la première, depuis 1743 jusques et compris 1810, au nombre de cent quarante-cinq Catalogues, est contenue dans vingt-quatre gros volumes, sur le dos desquels sont les noms des propriétaires des cabinets et la date des ventes; la seconde partie, au nombre de cent cinq,

est brochée, et part de 1781 jusques et compris 1821.

256. — Le Retour des champs, dessin très-capital, par Greuze. Collection de M. de Saint-Yves.

257. — Les articles omis seront compris sous ce numéro.

FIN.

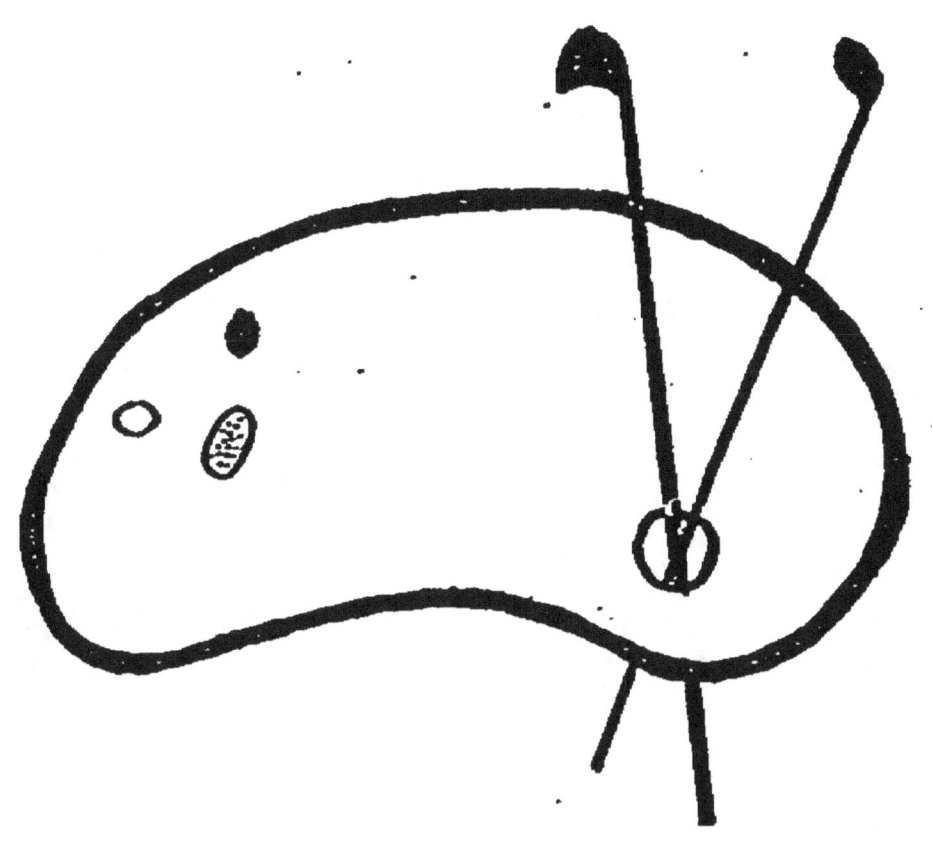

ORIGINAL EN COULEUR
NF Z 43-120-8

www.ingramcontent.com/pod-product-compliance
Lightning Source LLC
Chambersburg PA
CBHW030057230526
45471CB00003B/1139